Hagamos una granja

Lisa J. Amstutz y Alma Patricia Ramirez

CONEXIONES
de la ESCUELA a la CASA
DE ROURKE

ANTES Y DURANTE LAS ACTIVIDADES DE LECTURA

Antes de la lectura: *Desarrollo del conocimiento del contexto y el vocabulario*

El construir el conocimiento del contexto puede ayudar a los niños a procesar la información nueva y usar de base lo que ya saben. Antes de leer un libro, es importante utilizar lo que ya saben los niños acerca del tema. Esto los ayudará a desarrollar su vocabulario e incrementar la comprensión de la lectura.

Preguntas y actividades para desarrollar el conocimiento del contexto:

1. Ve la portada del libro y lee el título. ¿De qué crees que trata este libro?
2. ¿Qué sabes de este tema?
3. Hojea el libro y echa un vistazo a las páginas. Ve el contenido, las fotografías, los pies de foto y las palabras en negritas. ¿Estas características del texto te dan información o predicciones acerca de lo que leerás en este libro?

Vocabulario: *El vocabulario es la clave para la comprensión de la lectura*

Use las siguientes instrucciones para iniciar una conversación acerca de cada palabra.

- Lee las palabras del vocabulario.
- ¿Qué te viene a la mente cuando ves cada palabra?
- ¿Qué crees que significa cada palabra?

Palabras del vocabulario:

- *aran*
- *cosechar*
- *silos*
- *tuberías*

Durante la lectura: *Leer para obtener significado y entendimiento*

Para lograr la comprensión profunda de un libro, se anima a los niños a que usen estrategias de lectura detallada. Durante la lectura, es importante hacer que los niños se detengan y establezcan conexiones. Esas conexiones darán como resultado un análisis y entendimiento más profundos de un libro.

Lectura detallada de un texto

Durante la lectura, pida a los niños que se detengan y hablen acerca de lo siguiente:

- Partes que sean confusas.
- Palabras que no conozcan.
- Conexiones texto a texto, texto a ti mismo, texto al mundo.
- La idea principal en cada capítulo o encabezado.

Anime a los niños a usar las pistas del contexto para determinar el significado de las palabras que no conozcan. Estas estrategias ayudarán a los niños a aprender a analizar el texto más minuciosamente mientras leen.

Cuando termine de leer este libro, vaya a la última página para ver una **Actividad para después de la lectura**.

Contenido

De tierra a tierra de cultivo 4
Lista para sembrar 8
Edificios en las granjas 16
Glosario fotográfico 22
Actividad 23
Índice analítico 24
Actividad para después de la lectura 24
Acerca de la autora 24

De tierra a tierra de cultivo

Necesitamos comida.
¿Dónde la sembraremos?

¡En una granja! Los granjeros convierten la tierra en tierra de cultivo.

Limpian la tierra de yerbas y maleza.

Quitan las piedras.

Lista para sembrar

Los granjeros **aran** la tierra. La tierra es el suelo donde crecen las plantas.

Los granjeros ponen semillas en la tierra. Usan una sembradora.

Las **tuberías** llevan agua a las semillas. *¡Ploc!*

¡A crecer! Las plantas quieren alcanzar el sol.

Los granjeros vigilan que no haya yerbas o plagas.

Ahora los cultivos están maduros.

¡Es tiempo de **cosechar**!

Edificios en las granjas

Las granjas tienen edificios. Los granos se almacenan en **silos**.

Los tractores y las herramientas se guardan en el cobertizo.

Los granjeros ponen paja en los establos.

Los animales de la granja también viven en los establos.

Los granjeros construyen cercas para que los animales estén seguros.

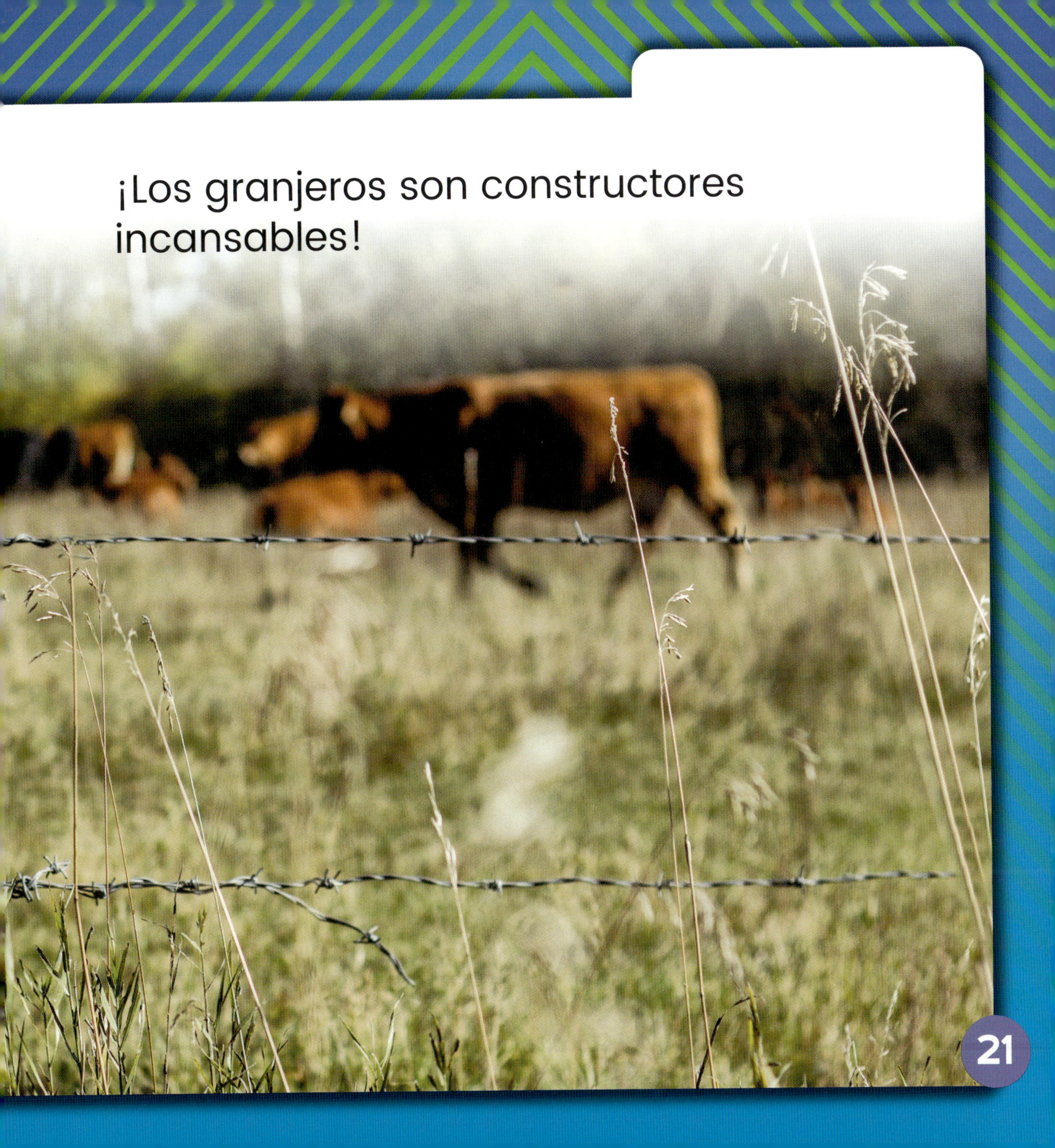

¡Los granjeros son constructores incansables!

Glosario fotográfico

aran (a-ran): Que escarban y preparan la tierra para sembrar los cultivos.

cosechar (co-se-char): Recoger los cultivos que están maduros.

silos (si-los): Torres altas y cilíndricas que se usan para almacenar granos y otros productos agrícolas.

tuberías (tu-be-rí-as): Tubos usados para llevar líquido o gas.

Siembra un jardín de yerbas en tu alféizar

No toma mucho espacio sembrar yerbas, solo un alféizar con sol. ¡Las yerbas son divertidas de cultivar y saben bien!

Materiales

tres macetas pequeñas
tierra para macetas
semillas de yerbas: intenta con albahaca, cilantro, eneldo, orégano, romero, salvia o tomillo

Instrucciones

1. Llena las macetas con tierra para macetas. Deja aproximadamente una pulgada (2.5 centímetros) de espacio en la parte de arriba.
2. Coloca 3 semillas en cada maceta. Presiónalas ligeramente contra la tierra.
3. Riega las semillas. Coloca las macetas en una ventana donde les dé el sol.
4. Revisa tus macetas todos los días. Mantén la tierra húmeda. Las semillas deben germinar en unos cuantos días.

Índice analítico

cercas: 20
cobertizo: 17
cultivo(s): 4, 5, 14
establos: 18, 19
semillas: 10, 11
tierra: 4–6, 8, 10

Acerca de la autora

Lisa J. Amstutz es autora de más de 100 libros infantiles. A ella le gusta aprender acerca de las ciencias y compartir datos divertidos con los niños. Lisa vive en una pequeña granja con su familia, dos cabras, una parvada de gallinas y una perrita llamada Daisy.

Actividad para después de la lectura

¿Te gustan los tacos, los espaguetis o las ensaladas? Mira los ingredientes que tiene tu comida favorita. ¿Cuántos vienen de una granja?

Library of Congress PCN Data

Hagamos una granja / Lisa J. Amstutz
(Mi biblioteca de ciencias biológicas)
ISBN 978-1-73165-296-6 (hard cover) (alk. paper)
ISBN 978-1-73165-266-9 (soft cover)
ISBN 978-1-73165-326-0 (e-book)
ISBN 978-1-73165-356-7 (e-pub)
Library of Congress Control Number: 2021952199

Rourke Educational Media
Printed in the United States of America
01-2412211937

www.rourkebooks.com

Editado por: Laura Malay
Portada y diseño de interiores: Nicola Stratford
Traducción: Alma Patricia Ramirez

Photo Credits: Cover logo: frog © Eric Phol, test tube © Sergey Lazarev, cover tab art © siridhata, cover photo © MaxyM, cover title art © sodesignby, page background art © Zaie; page 4-5 © TDKvisuals; page 6 © AllaSaa; page 7 © kemdim; page 8-9 © B Brown (editorial use only); page 10 © Fotokostic; page 11 © Torychemistry; page 12 © gerasimov_foto_174; page 13 © Olena Mykhaylova; page 14-15 © smereka; page 16 © Sue Smith; page 17 © Sergiy1975; page 18 © Melanie Hobson; page 19 © julie deshaies; page 20-21 © Helen's Photos All images from Shutterstock.com